LORENZO GIOACCHIN
MA CHE LAVORO SIAMO?!
*Le domande che dovremmo farci
e il coraggio che dovremmo avere...*

LORENZO GIOACCHIN

Copyright © 2021 Lorenzo Gioacchin All rights reserved

No part of this book may be reproduced, or stored in a retrieval system, or transmitted in any form or by any means, electronic, mechanical, photocopying, recording, or otherwise, without express written permission of the publisher.

Cover design by: Advantage Books

ad antage BOOKS

LORENZO GIOACCHIN

Dedicato a…
…mia figlia Martina, che se le domandano che lavoro fa il papà, risponde che spedisce i semi, scrive i libri e le canzoni.

LORENZO GIOACCHIN

SINOSSI

Nel lavoro per me c'è una sola regola, più forte anche dei soldi, della fatica e del sacrificio, il "sorriso".
In un momento storico così complicato, in cui possedere un lavoro rappresenta una fortuna inestimabile, può davvero, la certezza di uno stipendio, soffocare un'ambizione, inibire una scelta, denigrare una passione, togliere il sorriso? Probabilmente non ci sono risposte giuste o sbagliate, anche la razionalità in fondo, come l'azzardo, richiede coraggio.
Ma per quanto mi riguarda, se anche fossi in minoranza, se anche fossi "uno", non sarei mai così solo da indietreggiare. Non è tanto il "cosa vuoi fare da grande", l'importante è fare "qualcosa" di grande, anche nel nostro piccolo.
Ma poi, a prescindere da tutto, li avete mai visti in faccia quelli che fanno il lavoro della loro vita?!

LORENZO GIOACCHIN

CAPITOLO 1
Fammi vedere come ti muovi...

Non m'interessa sapere che lavoro fai, neanche quanto dista da casa o a che ora ti alzi per raggiungerlo, di soldi poi...non me ne parlare nemmeno.
Sono solo piccole variabili rispetto al mio concetto di felicità e di soddisfazione, che per comodità potrei chiamare e riassumere con la parola "serenità".
Quello di cui invece ho bisogno, è sapere che lavoro "sei".
Come ti senti quando ti alzi per cominciare la giornata lavorativa, sia che essa si svolga a 100 km dalla tua città dopo aver cambiato 3 mezzi affollati, o che avvenga nella stanza di tua figlia in cui il wi-fi, casomai, prende leggermente meglio.
Voglio che tu mi faccia immaginare, fin quasi a riuscire a vedere, come ti muovi nel garage che hai riadattato a laboratorio, se le tue scarpe fanno le fiamme nella corsia dell'ospedale in cui fai i turni, voglio vederti imbacuccato nel reparto sterile senza luce naturale di una farmaceutica, mentre prepari un video per le centinaia di migliaia di follower che ti seguono, quando sei sporco di calce nel cantiere di una costruzione a impatto zero, o quando sei alla ricerca dell'equilibrio con 3 pinte di birra in mano tra i

tavoli di un pub o ancora mentre lavi i piatti in un ristorante Londinese ed escogiti una tecnica per farli più puliti e in meno tempo in un paese in cui sei straniero e devi dimostrare quanto vali.
Voglio sapere come ti senti l'ultimo giorno di vacanza, se hai quel magone del ritorno alla "normalità" o non vedi l'ora di spaccare il Mondo la mattina dopo, voglio conoscere il tuo umore se ti capita di lavorare quando gli altri fanno festa, se ti compiangi quando ritorni a casa, se coinvolgi i tuoi cari nel resoconto della giornata, se sputi odio verso un collega o ti sentì incompreso dal capo ufficio.
Insomma...ho bisogno di "vederti" in faccia, di percepire la tua negatività perché ti assicuro che riuscirei a comprenderla oppure, al contrario, godere della tua energia positiva e inspirarla forte per quando sarò in apnea.
Voglio sapere se sei in grado di farmi rialzare dopo una caduta o se mi inviti a restare seduto in attesa dei soccorsi.
Voglio vantarmi di conoscerti, voglio parlare della tua energia, voglio celebrare le tue vittorie e perché no, vorrei che qualcuno raccontasse di me e di cosa sono riuscito a combinare nella vita.

CAPITOLO 2
Mal comune mezzo gaudio...

Davvero ho bisogno di te, del *"mal comune mezzo gaudio"* si, di qualcuno insoddisfatto come me ma che, seppur affamato, non sia più disposto a mangiare merda pur di nutrirsi.
Ho bisogno di sapere di non essere l'unico a sentirsi sgonfio, ho bisogno di far sapere a chi non mi dava una lira, che invece sono riuscito a farcela, voglio passargli davanti con la macchina nuova fingendo casualità anche se vivo dall'altra parte della città.
Ho bisogno di scrivere un post al veleno sui social, ricco di senso di rivalsa ma senza taggare nessuno, affinché quel "nessuno" si senta comunque taggato.
Ho bisogno di reagire in maniera infantile e che si fotta chi mi consiglia di fare il superiore.
Per quelle poche volte che si riesce a sfangarla la vita, la vittoria va celebrata in pompa magna.
Che poi ci provo ad abbassare le difese e stare più "easy", mi predispongo ad ascoltare chi prova a convincermi di considerarmi fortunato elencandomi le sfortune altrui, ma sanno benissimo come la penso e tante volte hanno dovuto fare i conti col fuoco che ho dentro.

Allora, un po' per quieto vivere e un po' perché davvero sarei potuto "stare peggio", ammetto, ma con lo sguardo basso, che effettivamente ho avuto culo.
Si, ho avuto culo a conoscere il politico di turno, il vescovo della diocesi o il comandante dei caramba della città, il sindacalista vecchio amico di scuola di mio padre, il dottore della mia anziana nonna e chiunque abbia intercesso per piazzarmi in quello piuttosto che in un altro posto, ma odio convivere con la sensazione di essere perennemente a debito con qualcuno, mi crea ansia e preferirei restare senza lavoro.

CAPITOLO 3
Onora lo stipendio

Prendimi con le pinze però, perché non sono un rivoluzionario e non ho mai fatto dell'ostruzionismo, anzi, nonostante il mio malessere e i miei sfoghi, sono il tipo di persona che onora lo stipendio, proprio perché reputo sia eticamente corretto farlo e non di certo per evitare imbarazzi al mio "benefattore".
La serietà è soprattutto un valore, uno di quelli che si assorbono con gli occhi e con le orecchie e credo possa essere riassunta in una perla di esperienza che mio padre ha inculcato sin da adolescente nella testa dura che mi ritrovo.

"Se ti senti male di domenica, il lunedì non assentarti mai, vai a lavoro a costo di trascinarti, almeno vedono che stai male e saranno loro stessi a rimandarti a casa e non penseranno che avevi intenzione di allungarti il weekend."

Più che un consiglio, direi una "profezia".
Garantisco che funziona perché l'ho vissuta sia da dipendente che da titolare, *"è na cosa pissicologica"* come si sente dire in qualche bar della mia regione.

Così come funzionano sempre gli atteggiamenti di lealtà, rispetto, puntualità, collaborazione e sostegno, senza mai sprecare parole a vanvera, evitando sfoghi sconsiderati con chiunque, perché *"i panni sporchi si lavano in casa"* e *"la casa è piccola e le mura ascoltano ..."*.

Quando nello sconforto ripeti a te stesso "resisti resisti resisti", non puoi solo attendere che la bufera passi, devi trovarti un riparo e renderlo sicuro e comodo perché non si può mai sapere quanto possa durare.

Arredati quelle 8/9 anche 10 (in alcuni casi) ore lavorative con un po' di te stesso e crea rapporti umani di trasparenza e complicità.

Sulle isole gli aiuti arrivano sempre in ritardo e delle volte non fanno in tempo a mettere in salvo gli abitanti, a meno che tu non costruisca un ponte.

Beh, nella peggiore delle ipotesi, voglio che quel ponte mi venga dedicato e voglio essere ricordato come colui che lo ha costruito, un po' per ego e un po' perché a quello che dico ci credo veramente.

CAPITOLO 4
Il "tarlo"

Devo imparare a convivere con il tarlo che ho dentro perché, quando quel maledetto scava, inizio a detestare tutto e cerco e trovo difetti nel presente solo per screditarlo e mollarlo a metà strada, forte dei 1000 "*te l'avevo detto...*".

Tanto so già che a un certo punto sarà proprio il mio corpo a suggerirmi di allontanarmi da quello che non mi appartiene, da ciò che non sono, e per farlo mi invierà segnali inconfondibili come stress, panico, rabbia esasperata ed esasperante, tic, eritemi, isolamento, colon irritato, ecc ecc...

Dovrò cercarmi un posto al buio e portarmi le ginocchia al petto fino a dondolarmi, facendomi bucare la testa da una canzone che non c'entra niente col mio stato d'animo. Se sarò fortunato allora, il silenzio prenderà il sopravvento e verrà a salvarmi, come sempre.

Rifugiarsi non sarà come scappare, perché c'è differenza tra "evadere" e "fuggire", tra pianificare e divincolarsi. Serve tempo per fare e ne serve altrettanto, e a volte anche di più, per disfare.

Come nel peggior finale di una storia d'amore piena di

strascichi, come quando per la fretta estrai la chiavetta Usb dal computer senza prima disinstallare.
Può andarti bene ma, le probabilità di perdere tutti i dati sono elevatissime.

CAPITOLO 5
I sogni sono permalosi, ma lo sono anch'io...

I sogni sono permalosi e se li trascuri alzano pareti lisce e insuperabili e va a finire che te li ritrovi nei ricordi e nei racconti di ciò che saresti potuto essere.
Non vorrei ritrovarmi difronte a un nipote distratto che conosce a memoria il romanzo della mia vita, già lo immagino rapito dai messaggi in direct che tintinnano sulle mie pause di silenzio e io che mi incazzo perché ha la testa da un'altra parte e non mi da retta.
Fateci caso, i sognatori si innamorano di chiunque li supporti, sembrano adolescenti ai primi approcci.
Che quando litigano con chi vorrebbe aprirgli gli occhi, per prima cosa fanno paragoni e sbattono le porte.
I sogni si trasformano in materia solo nel momento in cui si esaudiscono, roba che fino a 1 secondo prima sei uno scemo e l'attimo dopo ti spacciano per genio.
l sognatori sono come me, e io non vorrei più avere a che fare con loro.
Si perché io voglio che il mio sogno cessi all'improvviso, non voglio che muoia sfumando o sbiadendosi con me.
Se una cosa te la sogni per tutta la vita vuol dire che non ce

l'hai fatta e per me è impensabile, quindi che si fottano i sogni .

CAPITOLO 6
Appello alle famiglie: "Attenti a riconoscere o a confondere il talento"

Ripenso a quando giocavamo sull'asfalto, senza falli laterali, senza casacche per distinguerci o al massimo, se la stagione lo consentiva, quelli con la maglietta da una parte e quelli a petto nudo dall'altra.
Ci ripenso ma non per nostalgia, mi spiego meglio... Ho rivisto un ex "bambino prodigio" che viveva nel mio quartiere, piuttosto ingrassato e anche lui padre di una bimba, verosimilmente sui 9 anni.
Lui da piccolo aveva già le gambe arcuate, molto magro sopra, anche se negli anni 80 i bambini fondamentalmente erano quasi tutti magri.
Aveva il baricentro basso, come se ci fosse nato con il fisico da calciatore.
Il pallone, a noi mingherlini ci arrivava a metà tibia e già domarlo era un discreto risultato, ma lui lo faceva sparire con dei giochi di prestigio e poi lo infilava in rete ma mai di potenza, sempre accarezzandolo, quasi accompagnandolo negli angoli più improbabili e soprattutto, lo calciava "di sinistro...".

Cioè...di sinistro capite!?
Chi era mancino era quasi un extraterrestre, quando lo salutavi per strada aspettavi che si allontanasse per dire a quelli che avevi vicino: *"Oh ragà, quello è mancino!"*.
Ma se anche fosse stato "destro" come il 99% di noi, lui possedeva il talento.
Sapete cosa gli è mancato!?
Un nonno, un genitore, un vicino di casa o un fratello maggiore che gli riconoscesse quella dote e lo accompagnasse a una scuola calcio o che lo presentasse a un vecchio mister di quelli che fumavano come i turchi ma che casomai si era fatto la serie C o addirittura qualche presenza in serie B da giovane.
Noi "grandi" dovremmo restare accesi e intuire il potenziale delle persone, specie dei bambini.
Noi "grandi" dovremmo essere i mezzi, dovremmo veicolare il talento dei piccoli, dovremmo aiutarli a restare lontani dalla merda come solo lo sport, una passione e l'arte in tutte le sue forme, possono riuscire.
Il contesto sociale è fondamentale, ti schiaccia o ti esalta indipendentemente dall'appartenenza.
Si perché, una famiglia umile può sovraccaricare di responsabilità un bambino in cui vede, più che una speranza, una via d'uscita da una situazione insostenibile.
Di contro, una famiglia abbiente può esaltare sino a sovrastimare le doti di un bambino perché la gente casomai da loro si aspetta l'eccellenza.
Cito un altro caso perché si diversifica ulteriormente dai precedenti.
Al paese di mia madre, le ore erano scandite dal maestoso campanile della cattedrale e dalla chitarra classica di un

fenomeno assoluto che, pur avendo poco più della nostra età, non condivideva vita sociale con i suoi coetanei perché lui, in realtà, "era" la sua chitarra.
Noi lo ascoltavano con le orecchie poggiate sulla serranda del suo garage, la stessa contro la quale, pochi minuti dopo, avremmo infranto i nostri calci di rigore facendo incazzare come una bestia il padre.
Famiglia medio-borghese la sua, di quell'Italia in fiore degli anni 80.
Lui era un bambino esile con i capelli nero pece incolti, già abbastanza peloso per la sua età.
Era seguito ed assecondato nella sua passione, anche con una certa severità ricordo, ma lui stesso si autodisciplinava.
Classico percorso nel coro-orchestra della chiesa, saggi e manifestazioni culturali in provincia e nelle sagre di paese.
Un sentiero però camminato sempre con un atteggiamento eccessivamente prudente, passi timidi, remissivi, troppo educati porco cane, troppo!
Cavolo, ma uno come lui avrebbe dovuto prendere la chitarra e spaccarla su una cassa, oppure darle fuoco durante un saggio di musica classica, avrebbe dovuto scriversi degli inediti e bussare a pugno chiuso ai portoni blindati delle etichette discografiche e invece...invece fa il lavoro della sua vita si, insegna musica, però ho come la sensazione che il mondo si sia perso un prodigio e questa cosa mi fa incazzare perché con un decimo del suo talento io, con la fame che mi ritrovo, probabilmente avrei fatto il giro del mondo in tournée con qualche gruppo o con una superstar del pop.
Ma forse sbaglio io, forse sono troppo ambizioso e sono

anche incoerente.
Non penso affatto che occorra essere dei big per sentirsi appagati, sono io stesso a sostenere che sia sufficiente essere sereni e fare ciò che si ama, ma nel suo caso ripeto, saperlo in una normale aula a insegnare a gente distratta il suo enorme sapere boh, mi fa un certo effetto.

CAPITOLO 7
Un po' di me...

Non ero esattamente nelle condizioni per farlo ma...neanche troppo tempo fa, mollai un lavoro d'ufficio da 1750€ al mese e a pochi km da casa.
Da pazzi direte...Beh no, o forse sì ma, semplicemente scelsi di salvarmi non facendomi rinnovare il contratto, tra l'incredulità dei miei, che avevo solo parzialmente preparato, e la rassegnazione di mia moglie (all'epoca ancora "compagna") che era invece a conoscenza del mio malessere che, di riflesso, subiva e constatava nel nostro rapporto di coppia.
Di certo non mi sentii mai un fallito, magari qualcuno pensò che io lo fossi e ci romanzò sopra adducendo motivazioni assurde, magari proprio chi è fuori del suo habitat da sempre ma ha rimandato la sua salvezza sino a dimenticarsi di rinascere.
Beh, io mi sentii infinitamente libero, e lo si capiva dai miei occhi, dalla mia posizione eretta, dal profumo di doccia che mi restava addosso più tempo, dalla musica che ascoltavo, dal finestrino aperto, dal fatto che sotto la pioggia non corressi per cercare riparo ma me la godessi quasi

benedicendola.
Non era mia intenzione restare a casa senza lavoro ma qualche giorno lo "utilizzai" per spurgare e riscoprire il posto dove abito perché, è sempre così che va, con un po' di tempo e la testa giusta riesci a vedere cose che prima guardavi a malapena e solo in quel momento riesci ad apprezzarle.
Ma che cazzo di vita facciamo per non accorgerci di niente?!?!
Comunque...Pagavamo un affitto ma non avevamo ancora figli, però, le tasse e i finanziamenti in atto si facevano sentire e come !
Praticamente ballavamo col solo stipendio di mia moglie.
Lei faceva i turni e io per decenza, le volte che ero a casa, mi facevo trovare sveglio, docciato e vestito, come dovessi attaccare a lavoro entro qualche minuto.
Non diedi mai l'impressione di essermi adagiato, anche per una questione di dignità personale, però, e non me ne vergogno a ribadirlo, mi sentivo meglio.
La cervicale sparita, così come scomparve in un attimo il bruciore allo stomaco e le tensioni in genere si affievolirono.
Eppure in mano non avevo nulla che durasse più di un lavoro occasionale proposto da un amico o un parente venuto a conoscenza del mio stato di disoccupazione.
C'erano i voucher a quei tempi, e di conseguenza non mi fu difficile trovare "lavoretti" temporanei in regola per tamponare la mancanza di money.
Raccolsi le prugne e feci pulizie negli appartamenti, cose umili, concettualmente poco impegnative per scelta, poiché le mie passioni scalpitavano come ladri di diamanti davanti

a una cassaforte con la combinazione scritta sul post-it appiccicato all'angolo.
La scrittura, l'ambizione di far cantare le mie canzoni ai big della musica italiana, la volontà di affermarmi con il mio talento, tutto questo cominciava a dilagare in me e i miei argini, pronti a resistere a veloci torrenti di fango, non erano invece stati concepiti per contenere una lenta ma inesorabile marea.

LORENZO GIOACCHIN

CAPITOLO 8
(Brevissima poesia moderna)
Come dovrebbe essere...

E allora ridi anche per me se il tuo apporto e il tuo contributo hanno un peso,
ridi anche per me se la tua passione e il tuo entusiasmo influiscono sul risultato finale,
ridi anche per me se il tuo talento fa la differenza.
Ridi anche per me se non hai rimpianti perché io preferirei non averne...
Ridi anche per me e per quelli che hanno rinunciato, basta che mi lasci piangere in pace!
Chiuso in cantina mentre celebro la morte di un'idea dimenticata tra le note di un i-Phone,
mentre prego per una canzone che non ha cantato nessuno,
mentre maledico la timidezza di una scoperta che avrebbe potuto cambiare il mondo,
mentre rovescio il cestino in cerca degli appunti di un progetto più grande di me.
Ma perché non voglio mettermi quest'anima in pace?!

LORENZO GIOACCHIN

CAPITOLO 9
Tutti in piedi, sta per entrare il giudice...

Nei processi alle intenzioni, spesso gli imputati perdono e abbandonano le loro aspirazioni ancor prima di "commettere" il fatto.
Basterà mostrarsi insoddisfatti, raccontarsi come sognatori, o anche solo accennare alla volontà di un cambiamento lavorativo, e in un attimo verranno tutti a tossirti in faccia le loro certezze, anche coloro a cui non hai chiesto un parere e del loro pensiero ne avresti fatto volentieri a meno.
Sarai costretto a dare giustificazioni a chiunque si interroghi e ti interroghi sul "perché" di una simile decisione in un momento del genere.
E non domanderanno per ascoltare una risposta, quindi non scervellarti a trovarla perché risulteresti "incomprensibile".
Esprimeranno "solo" il loro disappunto, fieri dei loro 20/30, in alcuni casi 40 anni nell'ombra di loro stessi, "premiati" da una pensione percepita in dirittura d'arrivo...
Io questi giudici li inviterei a sedersi sulla tazza del mio cesso quando con l'acqua corrente del lavandino cerco di camuffare le lacrime di un momento di debolezza.

Dove sono i giudici quando prendo a pugni il cruscotto della mia macchina in un parcheggio?!
Dove sono quando di notte mi impano tra le coperte e non riesco a dormire?
I giudici lo sanno che ho messo la foto del loro volto sul sacco da pugilato che ho attrezzato sopra al terrazzo del condomino?
I giudici lo sanno che se non fossi sposato, se non fossi genitore, farei una botta da pazzo e sparecchierei con un colpo la tovaglia della mia vita!?
"Tenetevi pure le briciole..."
E infine, i giudici, lo sanno che le loro parole, i loro sguardi, sono così determinanti?!
Si perché, per assurdo, un giudizio esterno può divorarti il cuore come il punteruolo rosso fa con le palme dei lungomare delle nostre città.
Come se un nerd, lasciato fuori dalla discoteca perché vestito male, urlasse così forte il suo disappunto, da sovrastare il volume della musica all'interno del locale, forte da far smettere di suonare il disk-jockey per capire cosa cavolo stia succedendo.
Tutte le volte che un giudizio esterno, che di "consiglio" ha ben poco, riesce a modellare il mio futuro, ad allungare la burocrazia del destino che dovrei costruirmi mentre il tempo scorre inesorabile, mi domando se effettivamente le mie ambizioni e i miei sogni sono impermeabili come pensavo o si inzuppano di veleno insieme al mio corpo.
Devo tenere duro e difendermi da solo perché i sognatori non hanno avvocati e non gli vengono assegnati nemmeno quelli d'ufficio.

CAPITOLO 10
L'invidia (non è mai sana)

Si che l'ho provata l'invidia e...non mi è piaciuta per niente, mi stava un merda addosso.
Mi ha reso piccolo, brutto e sfigato.
L'ho provata ogni qualvolta la benzina nel serbatoio della mia autostima scarseggiava, e per assurdo è riaccaduto quando il carburante era troppo e tracimava dall'orlo.
È un sentimento viscerale che ti induce ad emulare una persona di riferimento e quindi a combattere per eguagliarla, fin qui tutto bene ma, allo stesso tempo ti fa "bramare", che non è esattamente la stessa cosa di "desiderare".
Chi brama, scredita chi ce l'ha fatta, chi "desidera" invece, si ingegna per riuscire con le proprie forze e se non ce la fa, va dal vincitore a chiedere consigli per la prossima gara.
Proprio io, che avevo sempre celebrato i successi altrui con cuore sincero, c'ero cascato a piedi pari e mi facevo parecchio schifo per questo.
Non invidiavo ricchezza e materia, volevo la "serenità" che io non avevo a causa delle "mie" stesse scelte.
Per fortuna è durata poco, meno di quanto ho impiegato ad ammettere di averci sofferto.

LORENZO GIOACCHIN

CAPITOLO 11
I sintomi

Che poi chi ha mai parlato di soldi?!? Se anche fossero 200 € in meno al mese... Ma vuoi mettere la pace, la serenità!?
Il lavoro della vita ti azzera la salivazione, ti rende logorroico, che la gente ti coglionа per come e quanto ne parli, che se c'è un problema ti affanni per risolverlo perché è anche un problema tuo, ma resti positivo perché la soluzione è dentro di te.
Il lavoro della vita ti cambia i connotati della faccia, ti piega gli angoli della bocca e ti mette due Swarovski negli occhi.
Il lavoro della vita non ti stanca e se lo fa comunque appaga.
Chi fa il lavoro della vita ha un caleidoscopio negli occhi e vorresti guardare il mondo dalla sua prospettiva.
Il lavoro della vita ti dà pace nel traffico, ti toglie le mani dal clacson e cancella i "vaffa" dalla punta della lingua.
Il lavoro della vita ti rende un'altra persona, ti rende migliore, ti salva quando tempo e destino fanno il loro corso e si accaniscono sui tuoi affetti fondamentali.
Chi fa il lavoro della propria vita viene citato come

esempio, anche oltre la sua morte.
Chi fa il lavoro della vita glielo leggi in faccia e potresti scovarlo tra mille volti.
Chi fa il lavoro della propria vita sembra un extraterrestre.
Chi fa il lavoro della propria vita non gli crede nessuno perché non sembra segnato dal sacrificio e la società ci ha abituati a quantificare uno sforzo per le conseguenze che lascia sul nostro corpo e per come divora la nostra anima.
Chi fa il lavoro della propria vita non è per forza il titolare, il direttore o il presidente, è anche un operaio, un dipendente che ama talmente ciò che fa che si trasforma in leader.
Chi fa il lavoro della propria vita per assurdo pare abbia più tempo per tutto il resto.
Chi fa il lavoro della propria vita ha il volto della gratitudine e la sua faccia, per quanto ancora possa scrivere, resta indescrivibile.

CAPITOLO 12
ALCUNI ESEMPI
(vicini e lontani)

Guarda mio cognato per esempio, capo cantiere di una ditta di costruzioni edili, un omone di oltre 1 metro e 90 e qualche chilo in più sulla bilancia che lo affanna e gli fa fare scelte comode, se si potessero montare le ruote al divano lo farebbe...

Beh, in cantiere sembra il suo gemello separato alla nascita che non abbiamo mai avuto il piacere di conoscere, brillante e dinamico nelle decisioni, vincente, perché gli piace troppo quello che fa.

Una volta terminato il palazzo, ci ripassa davanti 200 volte, tanto che potrebbero tranquillamente scambiarlo per uno stalker.

Mio padre e la sua amata "logistica aziendale" poi, quando la "logistica aziendale" non si sapeva neanche cosa fosse e somigliava più a una parolaccia da dire allo stadio contro i tifosi della squadra avversaria.

Invece no, significava "massimizzare il minimo" per rendere più efficiente il lavoratore con i mezzi che aveva a disposizione.

Gli piaceva così tanto il suo lavoro che dopo la pensione,

quando veniva chiamato per delle consulenze si precipitava senza nemmeno pensare alla convenienza, era tutta benzina per il fuoco che aveva ancora dentro. "Massimizzare il minimo" poi, era esattamente quello che avveniva in famiglia quando compatti ci trovavamo ad affrontare un momento di crisi, quindi ci tornò utile.
E di mio zio ne vogliamo parlare?
A 55 anni ottiene un finanziamento Agos e investe il suo debito su una trovata che potrebbe cambiargli la vita. Siamo tutti in attesa, convinti che prima o poi possa succedergli perché la sua idea è davvero grandiosa. Oppure la storia del mio amico Pengwin, bullizzato per il suo peso da adolescente, puliva le piscine dei ricchi per 5€ l'ora e adesso la piscina potrebbe permettersela pure dentro casa, tutto questo "solo" per aver creduto nei suoi sogni.
Kristian, questo è il suo vero nome, non lo sa ma, pur essendo quasi 20 anni più piccolo del sottoscritto, per me che conosco benissimo la sua storia, è un enorme stimolo nonché un esempio tangibile di riuscita.
Il mio amico Mario De Lillo, cassiere in un supermercato, disoccupato a macchia di leopardo, mantenuto a oltranza dalla moglie, sminuito e incompreso anche dai familiari, che a un certo punto si inventa il concetto di "Arte Povera" ma quel video non se lo caga nessuno.
Ma lui crede nella sua comicità e le sue doti comunicative particolarmente dirette ed esplicite e dopo 4 anni lo ripropone e diventa più virale del corona virus.
La faccia di Mario, per me che faccio caso a queste cose, subisce trasformazioni costanti, trasuda la sua rivalsa sociale tanto da appannarmi lo schermo del cellulare

quando guardo i suoi reel.
Tra "quelli che fanno il lavoro della loro vita" ci metto anche i miei titolari, e non per ruffianeria, ma li "vedo" sempre alla ricerca del perfezionamento, di nuove fasce di mercato, sempre in fermento, sempre attenti al cliente finale, riescono a coinvolgerti nel progetto e non è poco, perché chi ama ciò che fa ti porta un po' nel suo mondo, come quelli che non vogliono entrare a una festa per timidezza ma alla fine si divertono.
Non servirà essere bravi in matematica per comprendere quale sia il minimo comune denominatore tra queste persone, "la luce che hanno negli occhi".
Non riproducibile da software o vetri retro illuminati, è generata dall'anima e resta unica, spiazzante quanto vedere l'arancione di una stella marina sui fondali del porto di Civitavecchia.
Passatemi il termine stradale (ma io da lì provengo), la voglia che hanno di affermarsi nel loro campo, rende queste persone inesauribili e pronte a fare il mazzo alla vita.

LORENZO GIOACCHIN

CAPITOLO 13
La scuola non c'entra niente!

Ripensiamo a quando avevamo 13 anni, al massimo 14... Frequentavamo la 3ª media e, da lì a qualche mese, saremmo stati proiettati in una realtà totalmente diversa, la "scuola superiore".
Quest'ultima, dopo 5 anni ci sarebbe servita ad inserirci nel mondo del lavoro o ad improntarci ad un percorso di laurea.
Ma un ragionamento, col senno di poi, mi ha sempre rimbalzato dentro la scatola cranica...
Ma noi, a 13 anni, esattamente chi diavolo siamo!?!?!
Cioè...A cosa o a chi dovremmo somigliare?!
Siamo carne o pesce?!
Siamo pizza o pasta?
Siamo coca cola o pepsi?
Sh o Scarabeo?!
A quell'età siamo tutto e il suo contrario nello stesso frangente e dovremmo decidere la scuola che determinerà il nostro futuro lavorativo?!?!
Ma è uno scherzo?!
Io a 13 anni ero indeciso se farmi regalare l'abbonamento alle partite del Latina o se riempire il salvadanaio per farmi

portare a Milano a vedere l'Inter.
E considerate che fui anche avvantaggiato dal fatto che le squadre avessero gli stessi colori sociali, figuriamoci con quale spirito avrei potuto scegliere un percorso scolastico che mi avrebbe portato in qualche anno a conseguire una specializzazione o un diploma...
E allora scegli la scuola che ha fatto tuo padre se sei maschio o quella che ha frequentato la tua mamma se sei femmina.
Se già pensi ai maschietti o alle femminucce, sceglierai l'istituto in cui vanno gli adolescenti più belli o in maggior numero.
Se hai poca voglia di studiare darai retta al cugino di tuo cugino a cui un amico ha raccontato che *"li si studia poco e il sabato non si va a scuola..."*.
Quanti effettivamente in 3ª media avevano e hanno la maturità e la consapevolezza di una scelta così importante?!?!
Un 20%?
Si, credo sia una proiezione attendibile...
Quella frase scritta in corsivo sulla pagella: *"Portato per studi tecnici o classici"*, probabilmente non la legge nessuno e anche se fosse la si digerisce solo se combaciante con l'idea sfocata che abbiamo in mente.
Questo per dire che tanti, forse troppi di noi, sono già partiti col piede sbagliato e quando sei con le gambe sul precipizio, il tuo equilibrio è la sommatoria delle forze che tirano in sensi opposti e si annullano.
Le amicizie da una parte e le responsabilità dall'altra.
Che poi le responsabilità non sono quasi mai personali ma strettamente legate al non deludere la famiglia.

Non ho la soluzione, so soltanto che non siamo tutti uguali e che ognuno di noi ha un potenziale e un talento di cui, nella maggior parte dei casi, non si è mai venuto a sapere, se non troppo tardi...
Quindi, se sei genitore, prova a "percepire" tuo figlio e, se sei figlio, prova a far valere la ragione delle tue scelte e delle tue convinzioni affinché quei 5 anni possano esserti d'aiuto per il futuro.
Ci sono persone di successo che hanno completato il loro percorso di studi con una professione attinente a quanto studiato, casomai vertici di aziende o "ruoli chiave" di realtà importanti, a cui, se domandi se si sentano intimamente realizzati, potrebbero risponderti di "NO" e questo non mi stupirebbe affatto…

LORENZO GIOACCHIN

CAPITOLO 14
Considerazioni

A volte penso di essere io a mancare al lavoro della mia vita, si...Dopo tutti questi anni trascorsi a desiderarlo, forse anche il mondo della scrittura, sentitosi adulato dal sottoscritto, ha deciso di chiudere un occhio e "quagliare".
Della serie: *"Dai, spogliamoci, facciamo quello che dobbiamo fare e rivestiamoci ma, mi raccomando, non mi chiamare più e non raccontare niente a nessuno eh!"*.
E' un po' cosi che me la vivo e la immagino, in fondo anche la ragazza più carina della scuola sarebbe invisibile se non la salutassero per prima gli sfigati dell'istituto, quelli impacciati e imbarazzati che se potessero imbottigliare il suo profumo lo farebbero, chiusi nel bagno tipo con il "popper".
E allora facciamolo quest'esercizio, proviamo ad immaginare come sarebbe il "nostro" sogno senza di noi.
Avvertirebbe la nostra assenza?
O non si accorgerebbe di nulla e si concederebbe a qualcun altro?!

LORENZO GIOACCHIN

CAPITOLO 15
Date pure la colpa al libro

Facciamo una cosa... Semmai doveste decidere di stravolgere i vostri piani lavorativi, sarò disposto ad assumermene tutte le colpe, tanto immagino abbiate messo in conto che una simile decisione si porti in mare tutto il resto, giusto?!
Non ve lo devo dire io che il vostro partner potrebbe non essere d'accordo e mettervi davanti a un bivio...non ve lo devo dire io che un genitore che vuole passarvi il testimone della sua attività potrebbe addirittura diseredarvi o non sostenervi nella vostra nuova avventura...giusto?!
Io, tutto quello che posso fare, è assumermi a pieno la responsabilità di avervi destabilizzato, stavolta non nasconderò la mano.
Però voi, se non vi sentite pronti al vuoto, fate un passo indietro, dite che stavate scherzando, come quando la bambina o il bambino che ci piaceva non corrispondeva il nostro sentimento, rimangiatevi le parole e chiedete scusa per essere stati così superficiali e precipitosi. Ripristinate le impostazioni iniziali della vostra anima per favore.
A quei pochi che invece non hanno fatto in tempo a

disinnescare l'ordigno chiedo scusa.

È che mai avrei pensato che qualcuno mi prendesse così sul serio, io sono uno di quelli che non ha ancora trovato il coraggio di tirare la leva d'emergenza e come un codardo vi ho messo il martelletto per rompere il vetro tra le mani.

E che non vi venisse in mente di ringraziarmi per avervi infuso coraggio perché potrei reagire facendo lo scorbutico per dissuadervi da una riconoscenza che non mi spetta.

Questo libro è solo il mio ennesimo tentativo.

A questo libro, come ad ogni precedente esperimento affiderò le mie speranze di cambiamento.

Dopo questo, dopo un probabile insuccesso, mi rialzerò come ho sempre fatto, attenderò alla fermata il pullman degli ultimi e mi siederò dietro, obliterando un biglietto già bucato altre mille volte e fingendomi straniero con il controllore.

In fondo, scriverlo questo libro, mi ha già salvato, perché mentre lo facevo mi sentivo diverso, somigliavo tanto a "quelli che fanno il lavoro della loro vita".

MA CHE LAVORO SIAMO?

LORENZO GIOACCHIN

NOI CHE LAVORO SIAMO?

www.ingramcontent.com/pod-product-compliance
Lightning Source LLC
Chambersburg PA
CBHW070136230526
45472CB00004B/1563